CB070261

Título original: Emiliano
@ Texto: Jairo Buitrago, 2008
@ Ilustrações: Rafael Yockteng, 2008
@ Babel Libros, 2008
@ Desta edição: Livros da Matriz
Primeira edição brasileira, 2013

Edição: Aluizio Leite
Coordenação editorial: Dolores Prades
Diagramação: Elis Nunes

B948e

Buitrago, Jairo
    Emiliano / Jairo Buitrago ; ilustrações de Rafael Yockteng ; tradução de Dolores Prades. – São Paulo : Livros da Matriz, 2013.
    il. color.
    Título original: Emiliano
    ISBN 978-85-66344-19-6

1. Literatura infantil. I. Buitrago, Jairo. II. Yockteng, Rafael. III. Título.

CDD 741.642

Índices para catálogo sistemático:
1. Livros infantis ilustrados   741.642

LIVROS DA MATRIZ
Rua Theodor Herzl, 182
São Paulo – SP – 05014-020
livrosdamatriz@uol.com.br

Emiliano

Jairo Buitrago • Rafael Yockteng

Tradução
Dolores Prades

LM
LIVROS DA MATRIZ

Emiliano é um menino da cidade.

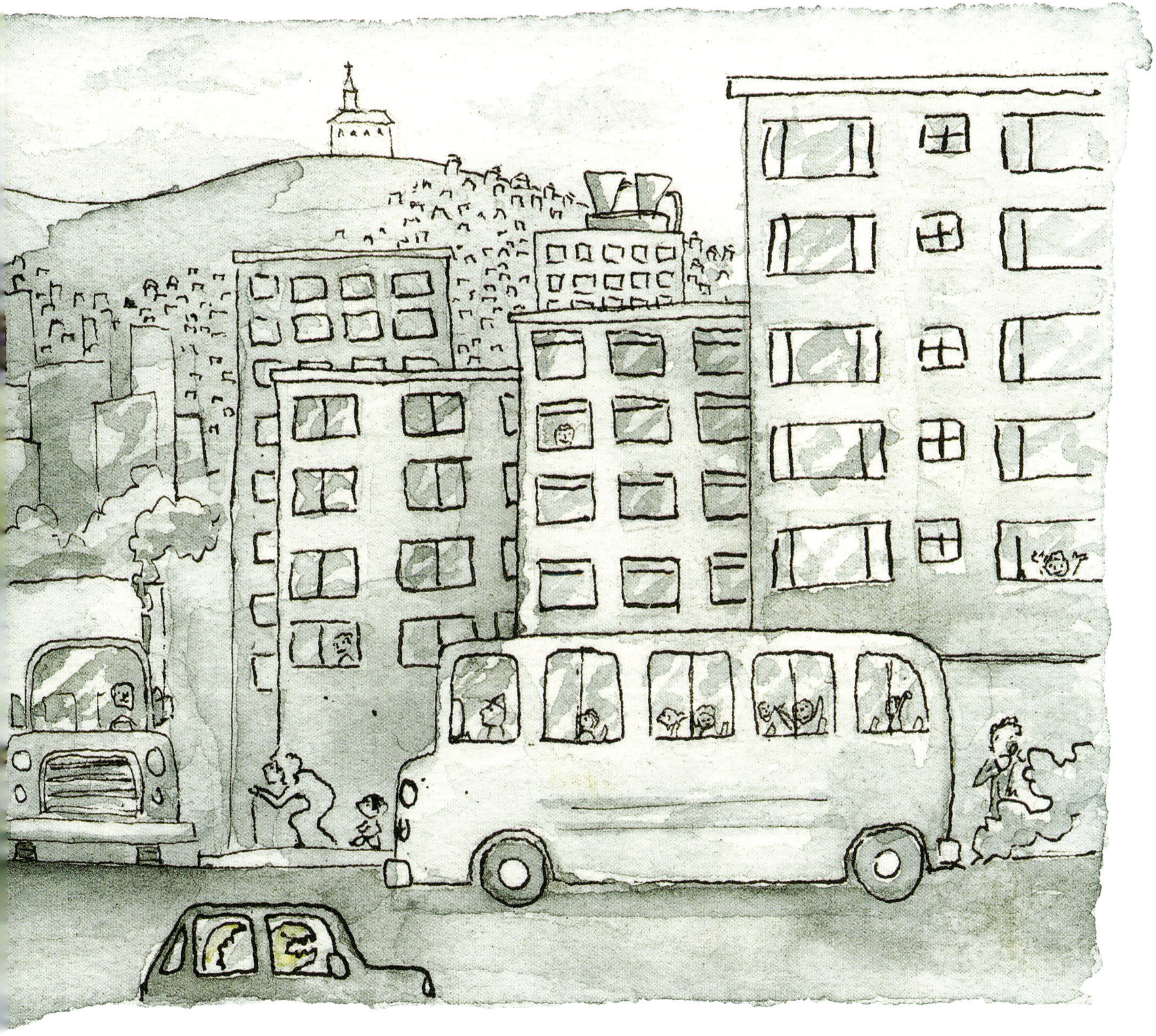

Quando sai, sempre vai de mãos dadas com mamãe.

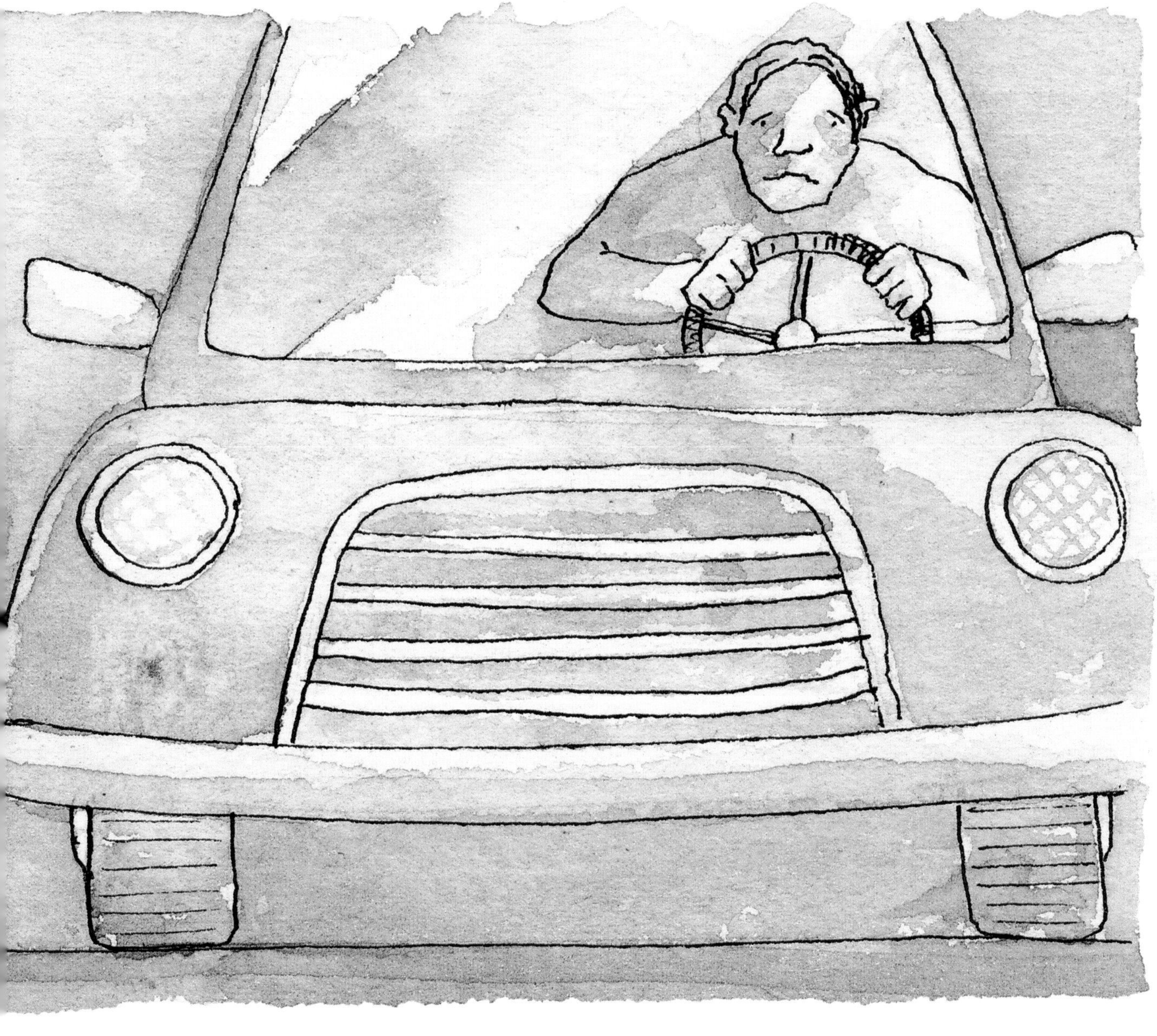

E, como todo mundo, espera nas esquinas.

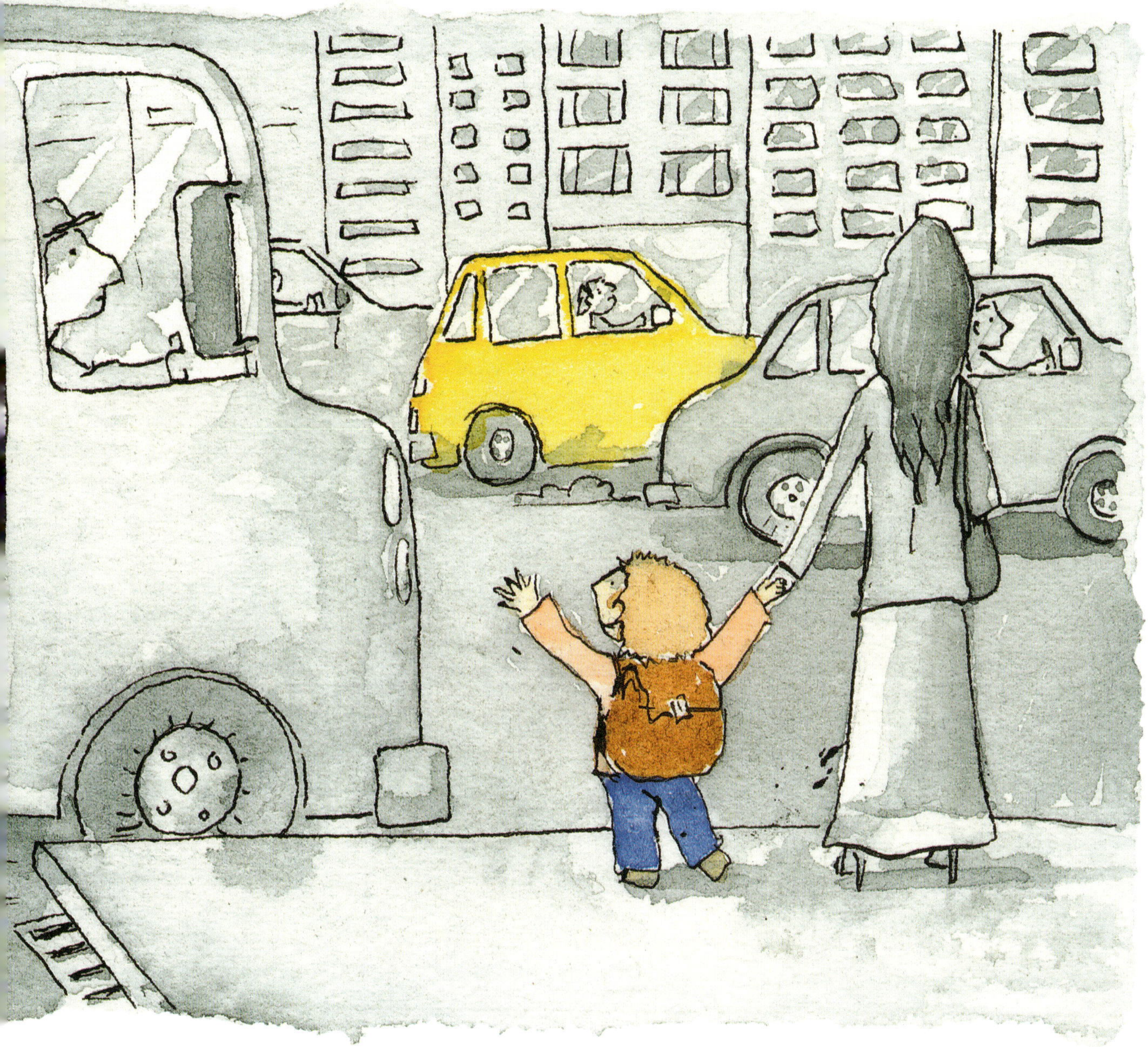

Enquanto anda, procura algo que o surpreenda.

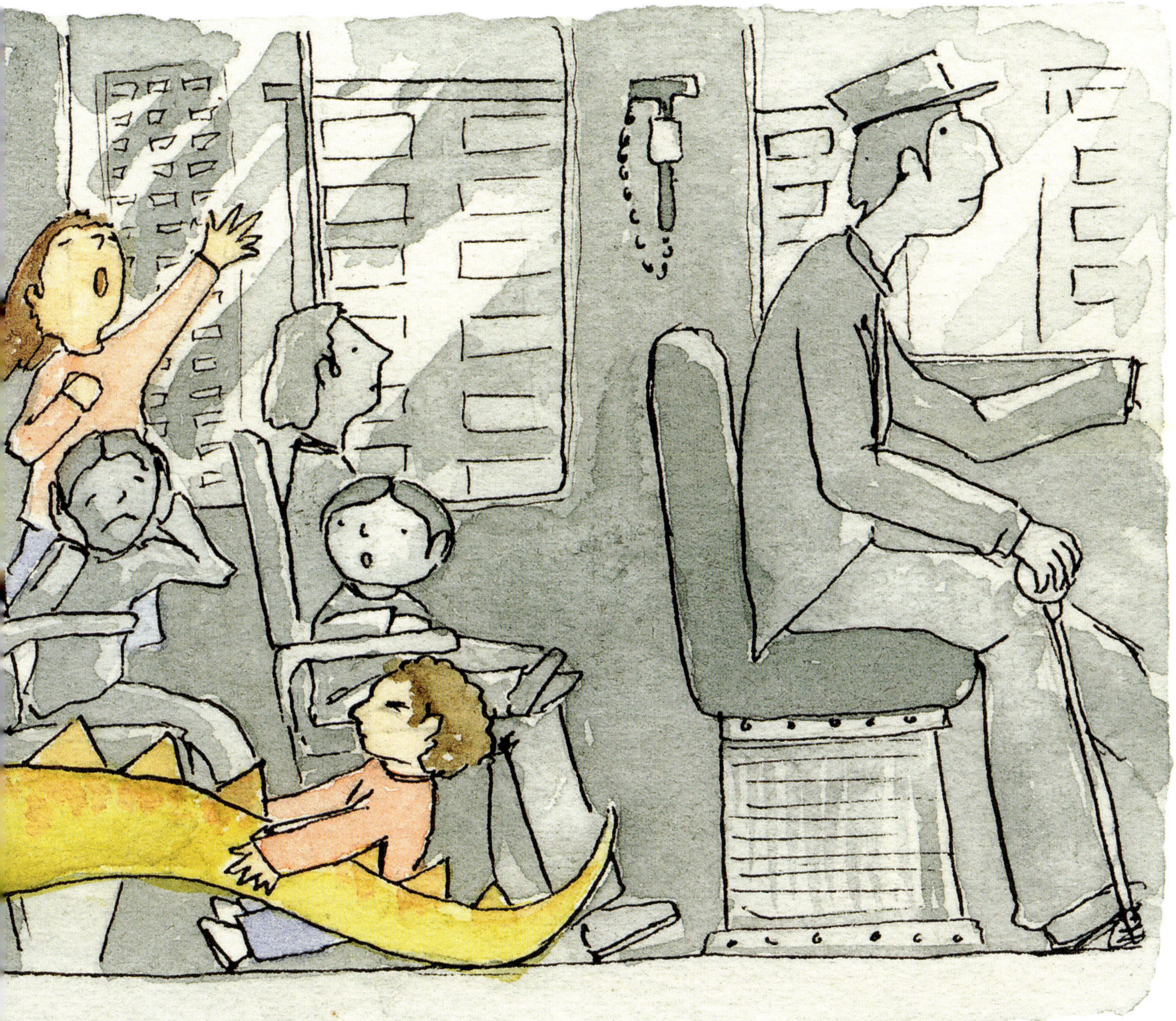

E assim ele chega na escola a cada manhã.

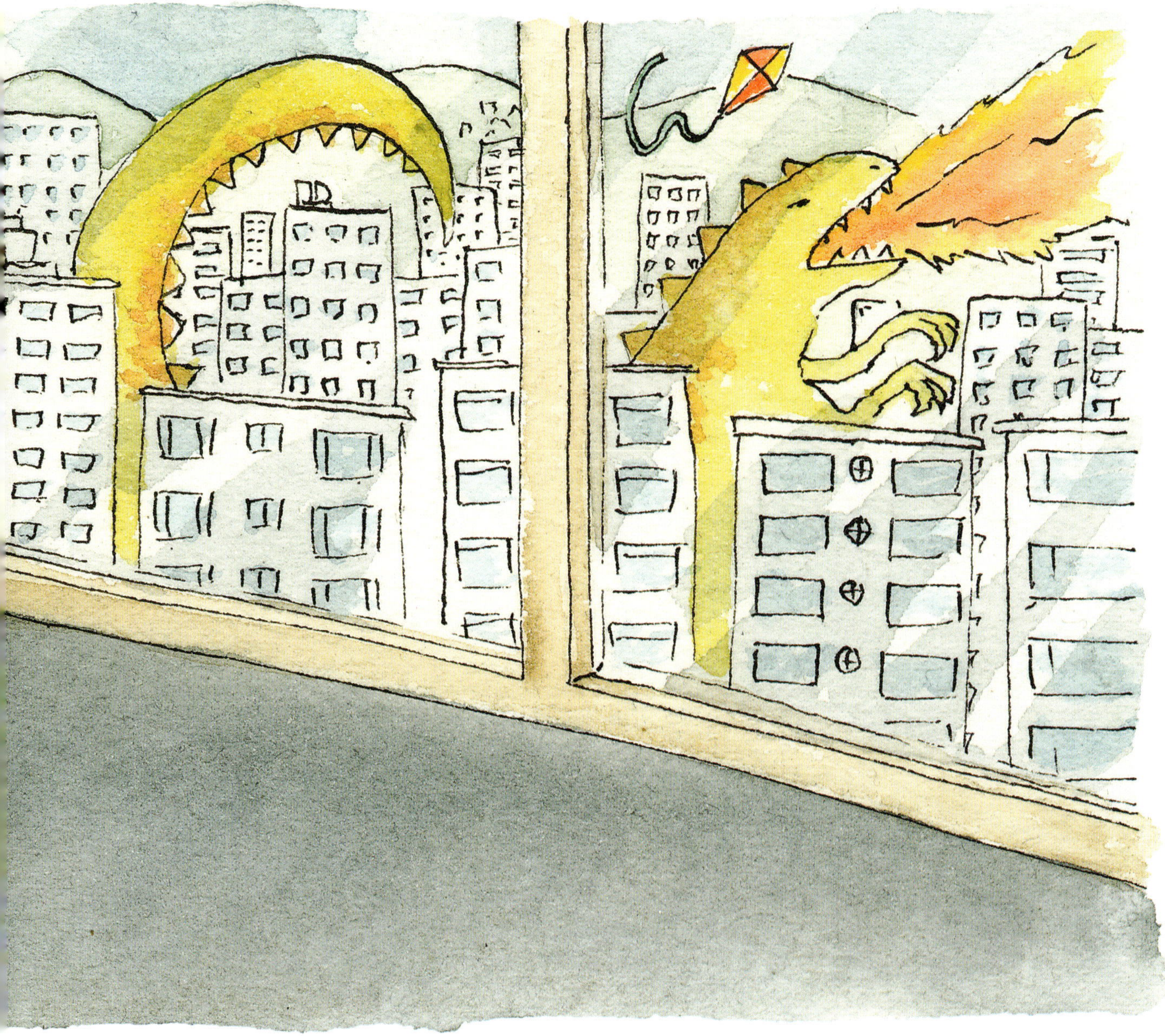

Sim, Emiliano é um menino da cidade.

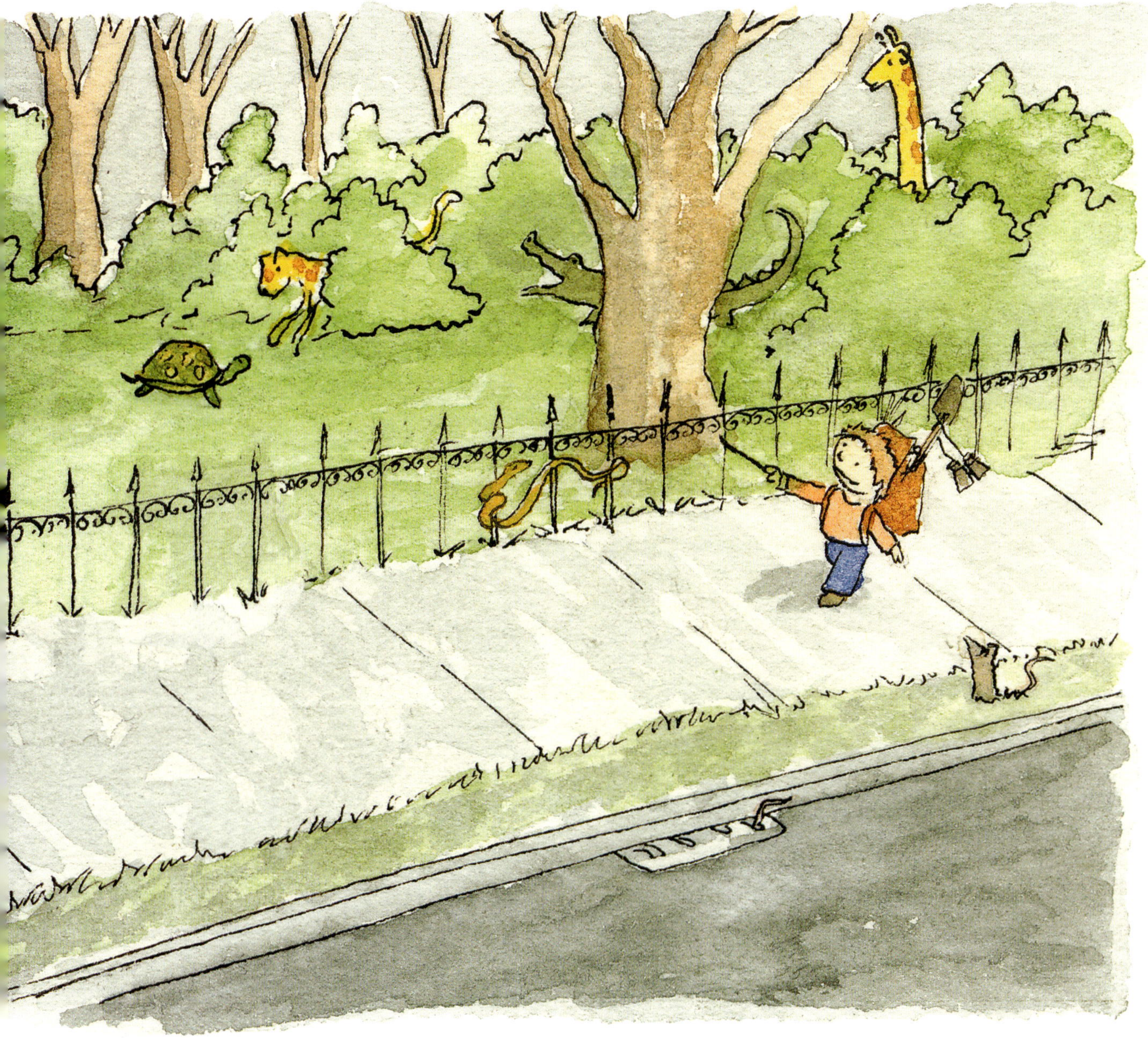

É muito difícil para ele ter um gato...

COMETAS COMETAS COMETAS C

um cachorro...

COMETAS COMETAS COMETAS COMETAS COMETAS COMET

ou brincar de pipa!

COMETAS

Como Emiliano não pode sair sozinho,

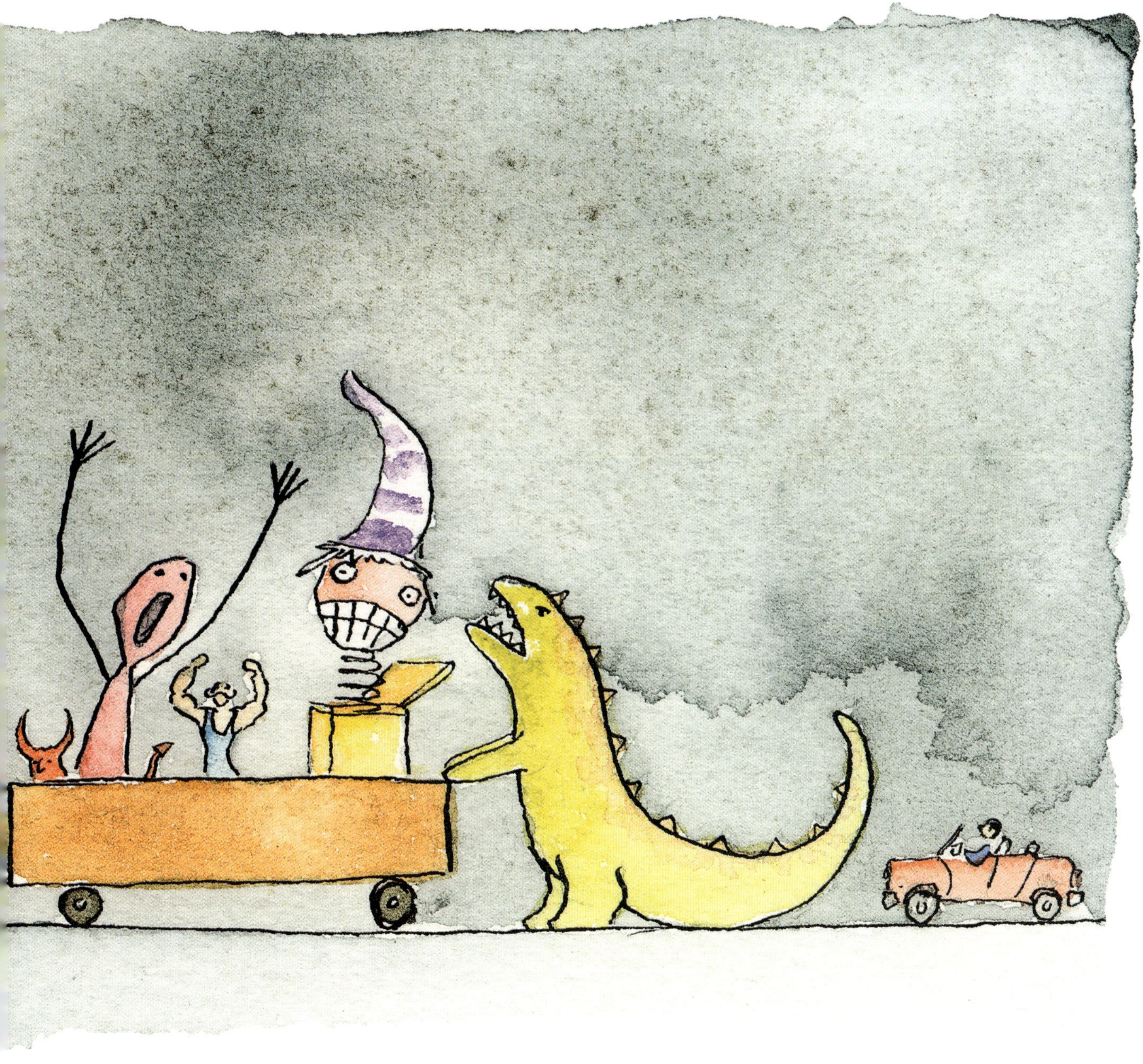

ele desenha...

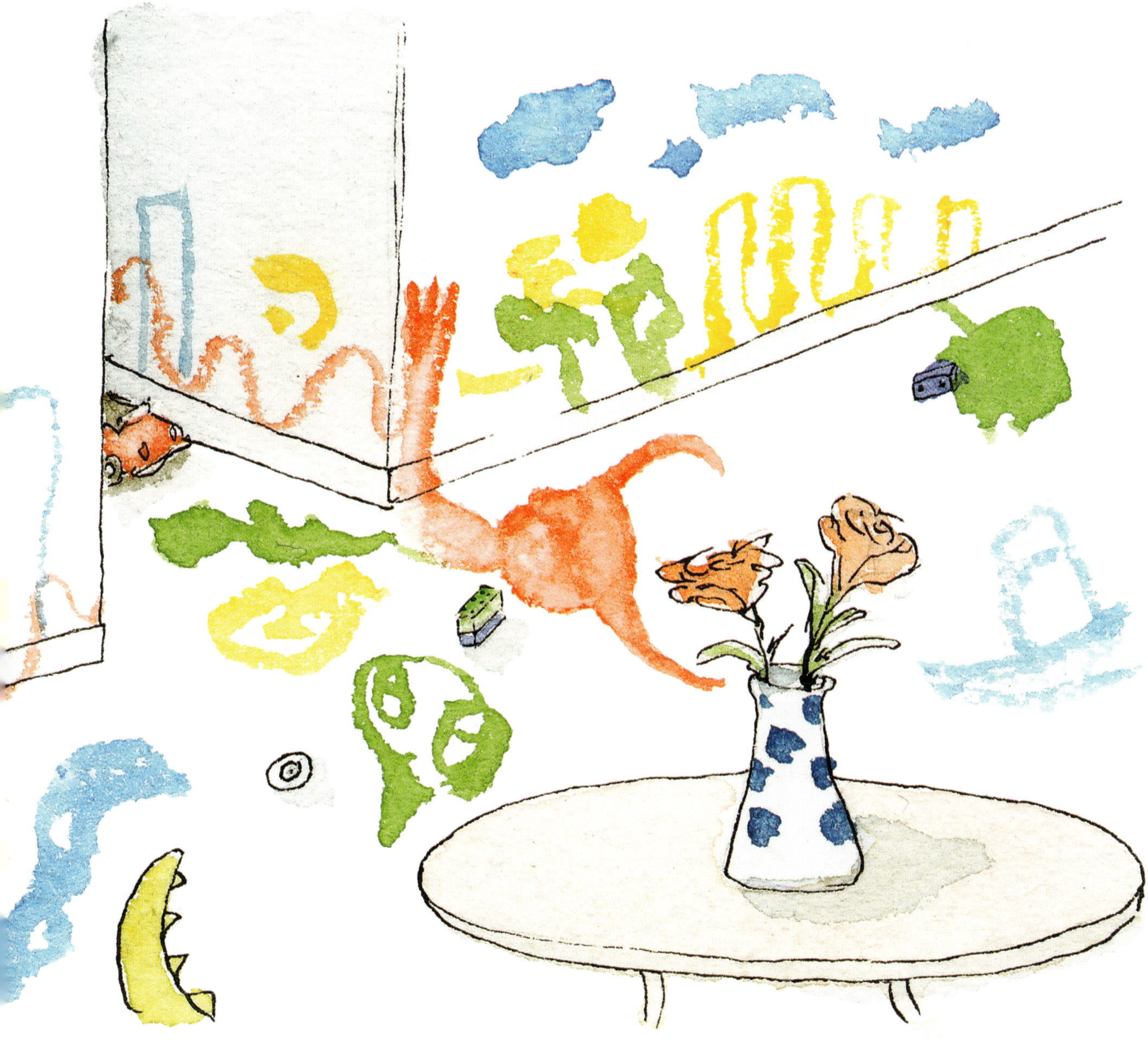

...e brinca,

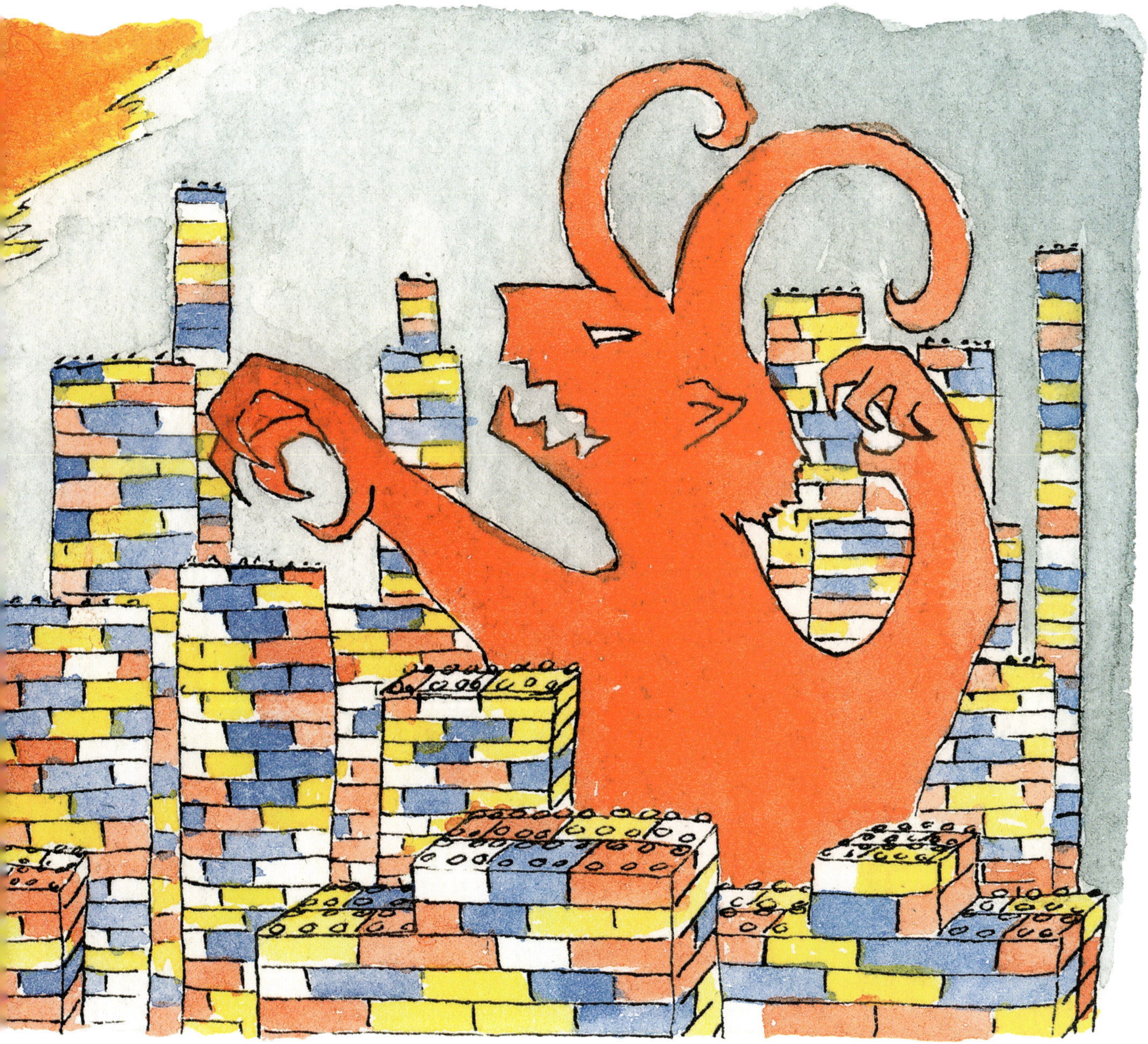

e espera acordado que mamãe e papai cheguem.

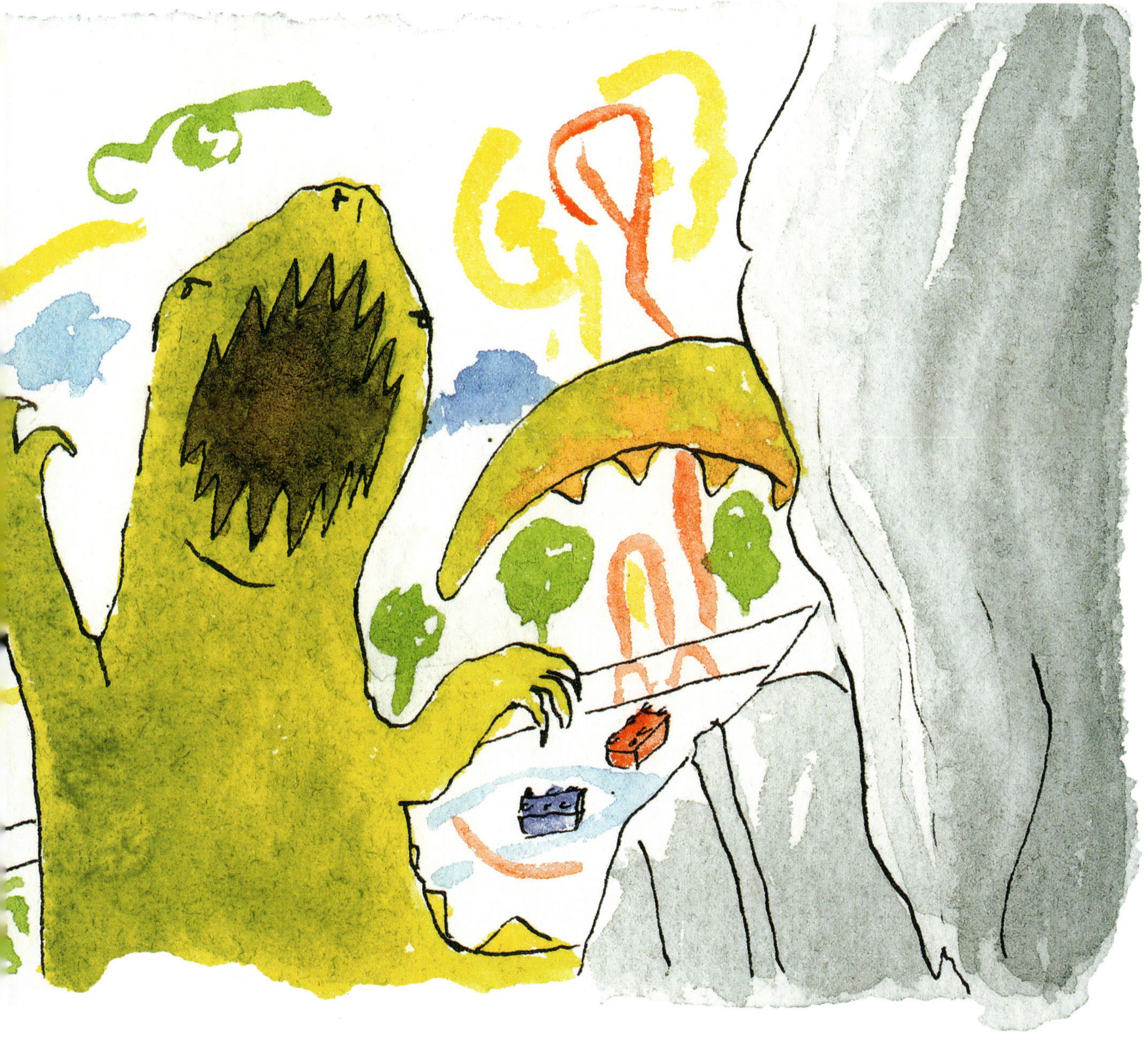

Emiliano é simplesmente um menino da cidade.

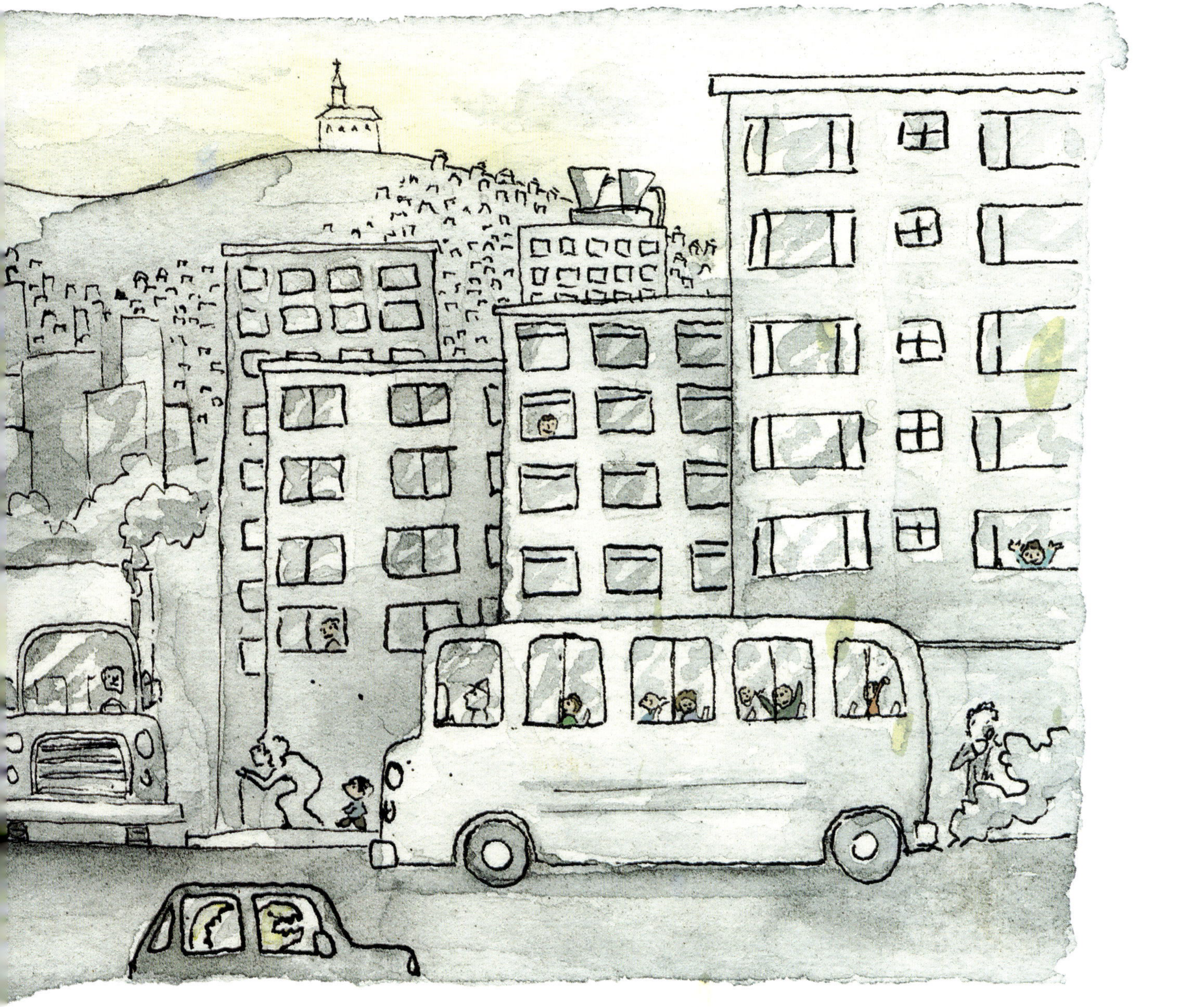

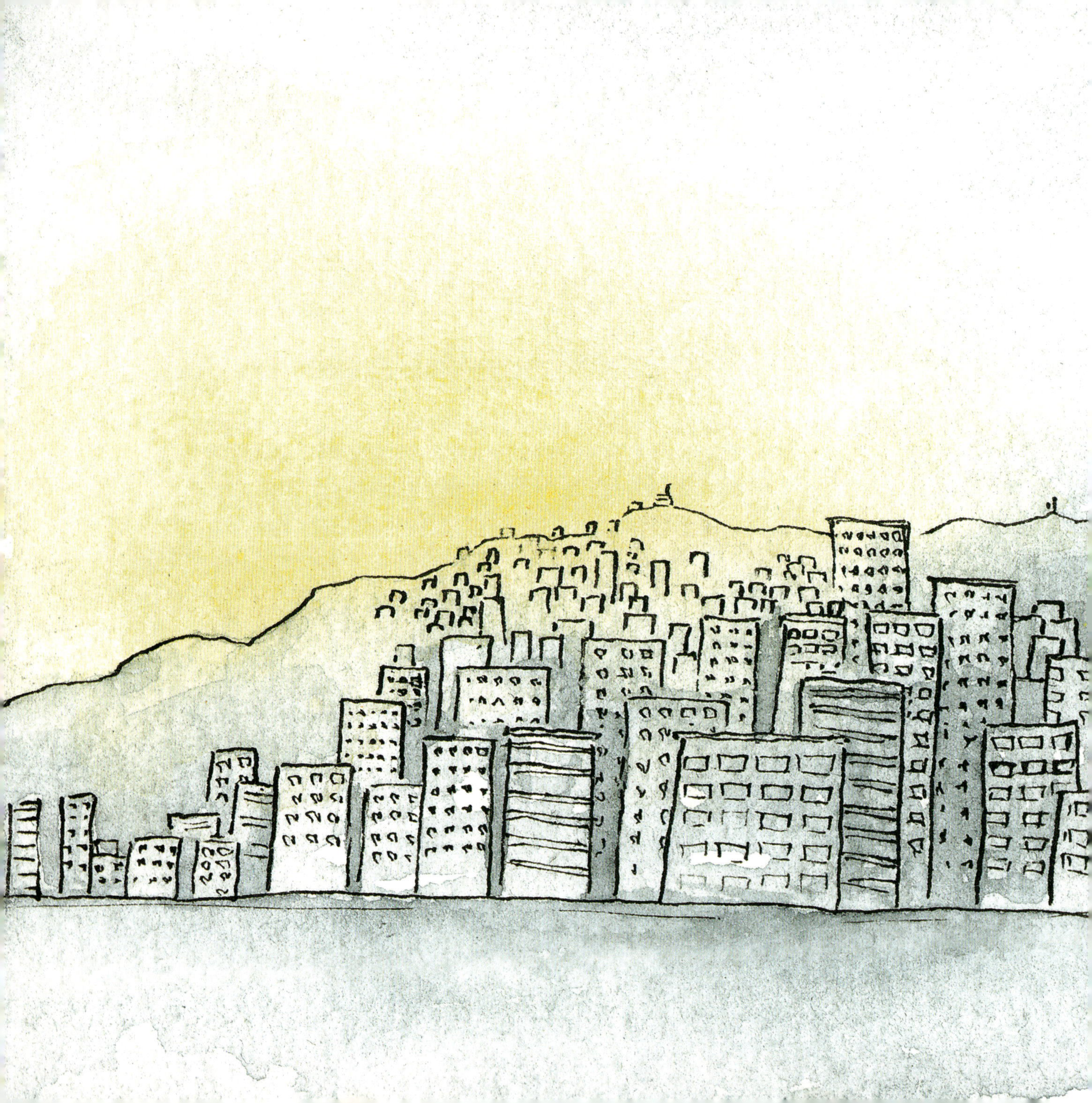